CHARLES DEMANGE

NOTES D'UN

VOYAGE EN GRÈCE

PREMIÈRE SÉRIE

PARIS

1910

Il a été tiré de cet ouvrage

CENT EXEMPLAIRES

CHARLES DEMANGE

NOTES D'UN

VOYAGE EN GRÈCE

PREMIÈRE SÉRIE

PARIS

1910

CHAPITRE PREMIER

NOTES

D'UN

VOYAGE EN GRÈCE [1]

I

Ce qui peut rendre parfois les soirs insupportables, c'est qu'ils sont seulement la lente préparation des amours des autres...

Toute cette obscurité qui se fait, et donne à la campagne tant de tranquillité, elle tombe aussi sur les cités, où chacun se pro-

---

(1) Première série de Notes prises au crayon sur des carnets de poche, au cours d'un voyage en Grèce, durant

met quelques divines nuits ; mais du moins le soir s'y orne de recherche : On éclaire ses rentrées ; on pavoise ses logis ; de l'alcool, de la bière ajoutent à la force des hommes, et quelque sirop, dans les villes de province, à la douceur des femmes : — On y tente quelque fantaisie. — Mais ce soir là, il tombe encore sur les cités ouvrières, où tout un jour, gardant les enfants, la femme a désiré son « homme » ; il tombe sur les coins de rue, où les amants qui travaillent, se donnent des rendez-vous ; il tombe sur le plaisir prompt du soldat, que la consigne ramène...

Que je sens bien que de tels soirs ne font qu'apporter aux hommes ce que très

---

les mois d'avril et mai 1907. Nous les publions comme nous avons pu les déchiffrer et sans vouloir y modifier une syllabe.

précisément la plupart d'entre eux, veulent (1); et combien alors hallucinantes
deviennent les images dont ils se chargent
— Quelle impureté et quelle bêtise !... — Il
faut supporter de tels soirs, comme on sup-
porte l'instant, quelconque, durant lequel
assurément, plusieurs meurent...

Le Dieu de ces soirs là, c'est ce gros
papillon qui, au crépuscule, sort dans le
jardin ; et gris, velu, laid, avide, portant
sur le dos une tête de mort noire, et une
tache orangée rouge comme le désir ; bour-
donnant, impose à toutes les fleurs, son
indiscrète caresse...

Des soirs comme ceux-là, tout se désu-
nit : rien ne s'adresse plus à rien ; chaque

---

(1) Donc c'est indifférent, c'est une perfection que
nous ignorons.

chose, chaque être retombe sur soi, et mé-
dite son désir... Nulle fanfare qui éclaterait,
ne propagerait sa sonorité — les cloches
deviennent odieuses, car autant parler d'une
cuisine du Ciel — C'est l'égoïsme et l'épar-
pillement : comme nulle tendance, nulle
direction, nulle orientation ne subsistent, on
sent le vertige tout proche ; et pourtant
l'on gît sur la plaine, l'horizon ne change
point, sinon uniformément, par l'écoule-
ment des volutes de fumée, à l'usine...

Les soirs gris ressemblent à tout ce qui
prépare les longs voyages et les appa-
reillages : ce sont les quais monotones et
encombrés des ports ; ce sont les halls enfu-
més et béants des gares ; c'est la moindre
porte, par où l'absent s'éloigne ; ce sont les

fortifications qui enserrent les villes, et les exposent dans la campagne dénudée, comme l'usure autour de l'objet, dans la banlieue ; les soirs, c'est surtout tous les faux départs, les croisades qui échoueront, le retour fatal avec la maladie... ; c'est dans le soir, que l'ouvrier qui s'en revient, jette son injure et maudit le jour (1).

---

(1) C'est par des soirs comme ceux-là qu'il faut faire des mathématiques.

II

Il est sur le monde une évidente douceur,
— je le sais, puisque je m'y suis confié :
c'est en elle, que par les beaux moments de
la journée, on me promenait, enfant, sur les
sentiers d'un champ dont la moisson n'était
pas faite — Mais que m'importe : sitôt
qu'après vingt ans, l'on y revient ayant
appris ce qu'on peut posséder de la terre,
ce n'est plus qu'une dévastation où le vent
vous jette à bas, en vous fouettant le sang...

Moi aussi, je me suis enchanté, comme le jeune Lamartine, à me coucher dans les herbes, qui me faisaient un mystérieux lit de graviers et d'odeurs ; quand je traverse Crémone, en allant sur Venise, je songe avec envie que dans ces campagnes le jeune Virgile errait... Mais aujourd'hui, je sais trop quel peut être le sommeil lourd, plein d'âpres désirs, qu'y goûtent, dos au soleil, et mouchoirs sur la nuque, après la fenaison, ces lourds travailleurs...

III

Les cœurs fatigués amassent de la nuit,
comme les branches des arbres en retiennent.
— Je ne sais quelle solidité s'y gagne :
l'odieux soleil ne nous irrite plus ; nous ne
recherchons aucune propagation, aucune
amitié ; — notre personnalité se fait alors
d'une absorption d'espace : si leur éclosion
fatigue les roses, au dernier soir, quand
leur étalement parfait les livre tout le jour
à l'échauffement du soleil, elles doivent

connaître de ce divin bien-être... C'est
comme une méditation du temps sur lui-
même ; tout l'avenir est assuré tel quel, et
insignifiant ; les conséquences des choses
existent si peu, qu'une femme qui pleure-
rait ne nous émouverait plus : son soupir y
devient un gonflement comme le flottement
de la feuille dans la forêt ; nous savons
toute l'ambiance prête à le recevoir, à le
disperser, à le confondre..... Il n'est qu'un
essai de rythme, je ne sais quelle vague
indication de la douleur possible... —
mais qu'y a-t-il d'objectif dans une nuit
qui nous clôt, qui nous pénètre, qui devient notre paupière, qui nous baise : et
à laquelle nous abandonnerons l'âme de
notre bien-aimée ?...

Je ne sais par quelle nuit Tristan et

Yseult espéraient ; les nuits que j'ai connues, on devient bien plutôt comme le support de l'amour, qu'un amoureux soi-même... Quand la suffocation va jusqu'à l'évidence, la passivité seule convient ; et c'est une bien riche pamoison de plaisir que ce si lent renversement au dossier du fauteuil, dans la nuit, dans le silence, dont tout le rythme est un essai d'association à l'universelle humidité silencieuse qui tombe, — de peur de troubler le silence, — et qui tend le corps comme le plus beau désir, et tous nos muscles, et tous nos nerfs, — et que suit notre volonté, et que suivra tout autant de fatigue... on peut se noyer dans l'air, à force d'intelligence ; et ceux qui se noient obtiennent les plus fortes, les plus violentes sensations : il suffit de vous chanter l'amour, vous défaillerez alors d'une belle association dans un universel désir.

Ah! cette longue défaillance isolée sur le sein de la nuit, ... qui confond la réflexion et toute violence physique; et qui unit à la possession, le désir...

IV

Je le sais : que sera la vie, si dès le début, nous n'avons pas la confiance ?

La confiance dans la vie ne peut être que ce divin respect pour les paroles de ma mère : paroles qui composent ses prières, éparses sur le monde, depuis que sa mère aussi lui enseigna de les dire... Flèches lancées vers un but invisible, tir sans but ; sublime folie qui croyait être raisonnée...

Je voudrais donc que mes actes composent leur propre but.

La confiance dans la vie, ce sera seulement
d'admettre quelques liaisons dans mes actes ;
ce sera de les raisonner en dehors de toute
fin ; ce sera de chercher en eux un peu
d'harmonie, je ne sais quelle tenue, ce que
j'appellerais encore, si je retombe à l'ancien
langage...., de la Beauté...

Soit ! de la Beauté ; mais qu'elle m'appa-
raisse du moins isolée, et pauvre et com-
promise : qu'elle soit un médiocre monu-
ment sur un air grisonnant qui la noie —
je me souviens qu'une petite fille...

Je retrouve ici les deux thèmes enchanteurs, des sources et des chapelles ; eaux courantes qui entraînez le jeune Phylas, et qui, sans cesse, de votre fusion, avez voulu, en contractant mon corps, me convaincre de sa réalité ; chapelles où les hommes ont projeté de méditer indéfiniment sur des ombres qu'ils imposaient encore au mouvement plus rapide des fleuves : mais a-t-on dit jamais que les ombres des peupliers, sur

les eaux, barraient leur cours, et détour-
naient leurs torrents?...

Singuliers êtres qui ont cru à l'efficacité,
à la fécondité de leur intelligence, de leur
imagination... Je m'enivre de ces deux
symboles : ce qu'ils nomment le mouvement, ce qu'ils appellent l'arrêt, la station,
le repos... Oui les chapelles marquent sou-
vent des stations, chemins de la croix,
repos préférés d'une sainte et retraite d'un
ermite ; dernier dépôt du cercueil ; — oui,
ils bénissent les rivières et les champs, la
grande ondulation des blés, et le dégel des
eaux de la Néva, au printemps : je ne sais
ni ce qu'ils bénissent, ni ce qu'ils arrêtent ;
tout cela n'est que noms ; et ces noms eux-
mêmes n'ont pas de prix.

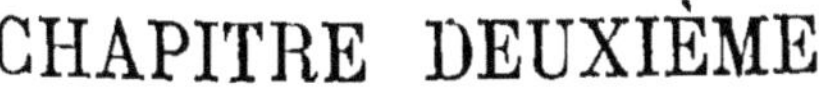

CHAPITRE DEUXIÈME

1

Sur l'Acropole d'Athènes, c'est toujours
vers l'Asie que nous retombons. Pourquoi?

Un soir, le cœur plein de dégoût, je
m'arrêtai un peu au-dessus de la Pnyx,
dans un lieu de sable désert, planté d'aloès
aux reflets poussiérés, métalliques : la chaleur
était étouffante, une chaleur bleue, telle que
les ondes d'un aquarium. Ce soir-là quand
le soleil se coucha, il paraissait un rouge

géranium sur la perspective de nos balcons, quand sur les vapeurs de la Seine, un orage se prépare...

Mon rêve s'organisait : je me soumettais à l'Asie ; je partais plus loin que le Bosphore et Smyrne, vers Suse et ces lieux que les méharis traversent, quand les champs deviennent monotones et sauvages comme les couleurs, et qu'on a tant de vertige au cœur que la passion, le désir, l'amour y paraissent une éclatante fleur de repos, un lotus sur le fleuve, tout un temple dans une île ; le sommeil et le vertige portant comme dans une corbeille abandonnée le plus voluptueux rêve, quand le voisinage d'un autre corps, une caresse, dans la nuit, vient nous donner plus de sécurité...

Je demeurais assis devant la mer, comme un roi assyrien dans la chambre intérieure de son palais, quand il entrevoit une perspective de colonnes, de palmiers, de jardins ; là où nul ne pénétra, qui ne soit aussitôt mis à mort : Ah ! je prenais un tel soin de mon rêve, ma nonchalance s'accommodait à tel point de régner, au lieu du travail d'esclave de la matinée, de la veille, que je n'eusse pas tendu mon sceptre d'or à l'imposteur ; livré à la banalité de mon rêve, ces affreuses répétitions qui mènent jusqu'à la cruauté, je l'aurais laissé manœuvrer, heureux de la violence d'un tel accident, peut-être... Ce fut donc de la colère, quand un jeune grec m'offrit des monnaies, des médailles...

Quelle rudesse je mis dans mon « non »...

« Non ? » me dit–il, avec un charmant sourire... ce n'est pas ainsi que l'on dit non, en grec... Mais comme ceci... Et le voilà qui, avec la plus inouïe complaisance, dépose sa boîte et me donne une leçon de grec...

Oh ! le charmant enfant :... jeune éphèbe, ancien gymnaste, bon élève du pédagogue... Il me remet dans la voie droite; il me suffit de cette indication, comme d'un geste de la canne de son ancien maître... J'en avais les larmes aux yeux... J'avais bien pu trouver aux murs du pourtour, au premier plan des Propylées un profil assyrien : mais ce sont des murs de soutènement, d'ailleurs modifiés par les Romains qui construisirent le mausolée de Pergame... Il fallait en revenir à quelques colonnes, aux divines balustrades qui les unirent... Laissons là tout le luxe : qu'il est plus beau de demeurer le modeste éphèbe, appuyé à son bâton et qui regarde quelques chevaux passer...

... D'où vient donc que chaque fois que je ne me retiens plus ; que je laisse libre cours à ma gaminerie, à mon intense besoin d'amour, et de fêtes, je dépasse la mesure, et montre de la singularité ?...

Les jeunes grecs pourtant furent amis des bruyants : Platon nous a conservé l'image d'Alcibiade entrant à la salle du festin ; il était paré, parlait d'amour et se faisait suivre de musiques... Voilà donc que nous ne savons même plus organiser la joie dans notre cœur...

Chateaubriand lui-même, à chaque fois qu'il essaie cette description, se retire :

« J'ai vu sur ces années, dit-il, toutes les heures du jour ». — Ainsi le voilà déjà qui recourt à l'universel ; et qui ne nous conte plus que le glissement des apparences... Et quelles apparences : il note les reflets mauves, noirs, roses, des plumages des corneilles ; et la teinte fleur de pêcher des pierres : du mauve, du noir, du rose, un verger trop délicat sous le soleil, tout l'Orient déjà, et la matière de la Perse...

Ces corneilles, je les ai connues aussi, au flanc de la colline... ce sont elles qui, avec une image de la Panaghia, et au lundi de Pâques, les lueurs des cierges, peuplent la grotte de Thrasyllos au-dessus du théâtre de Bacchus... sinistre présage, que de les sentir volant sur ma gauche... Ah ! elles ne me barreront pas le chemin,

quand je monte au sommet de ma vie, et
que tout seul sur la colline, je vais célébrer
l'éclosion de mon jeune printemps... elles
m'avertissent qu'ensuite je décherrerai ;
mais n'y ai-je pas consenti de tout temps
puisque j'ai reconnu qu'il me fallait des
modèles : toute imitation n'est qu'un demi-
succès.

Avec quelles délices, je laisse croître en
moi la superstition ! C'est un peu de mon
enfance qui renaît, presque un coin de
robe de ma mère où me réfugier, quand
enfin, je vais me livrer aux Bac-
chantes... Je sais bien que je redes-
cendrai vaincu ; et je crois entendre les
tréteaux de bois sous les pieds des Athéniens, saluant le retour du plus luxueux
jeune homme, et les pleurs de la mère,
Xercès et Eschyle.

Être vaincu, avec toute la langueur de l'Asie... Mes restes eux-mêmes ne seront-ils pas jugés dignes de quelques honneurs? — Ah! ces cités antiques sont si dures... Voilà qu'aujourd'hui nous écartons nos cimetières de nos villes, par raison d'hygiène; jadis, nos pères ne les groupaient que selon la religion : ceux-là m'eussent rejeté aux gémonies, parce que taré d'insuccès... en moi, ils ne trouveraient rien à honorer...

Pour m'en assurer, il n'y a qu'à me retourner : que mon regard franchisse une butte, deux buttes, celle qui porte un moulin, et sous le vent, toute cette aridité : au bas de cette motte, il distinguera quelques arbres : c'est le cimetière d'Athènes... Les chrétiens y gisent, sous des tombes pleines de fleurs, avec un de ces beaux vases qu'ils appellent lécythes et qui déjà ornaient les tombes antiques : ... Cinéraires, fleurs cultivées, parfums...; mais quelles diversions les cyprès, beaux arbres qui marquent : Schliemann, comme un étranger, n'a pu placer sa tombe insolente qu'à l'entrée ; au delà, après un champ rouge de pavots, fut l'ancien cimetière turc : les sables ont nivelé les tombes de ces anciens maîtres...

L'Asie, la mort, l'insuccès, qu'est-ce donc qui a dépéri, et pourtant se raidit ici contre *eux*... Quand nous assistons au déclin de ce que nous avons tant admiré, tout de même nous savons que désormais son souvenir s'achève; en survivant, nous jouissons de sa perfection... et puis il s'y engage un peu de l'éternelle fatigue, ce ruban noir qui s'entrelace à tous les fils de nos jours : si beau qu'ait été le chant de l'oiseau du soir, l'heure vient enfin de songer au sommeil...

Quand nous disons l'Asie, ce ne sont pas des masses que nous voulons décrire; ni même des paysages singuliers... mais comme nous n'avons plus assez de noblesse, de goût pour donner, à nos tableaux, comme Claude Gelée plus de force émotive par des architectures, nous dégageons de leur grâce l'universalité des choses.

II

Rien, sur l'Acropole, qui puisse assagir
le cœur d'une jeune femme : les Caryatides
de l'Erechteion ne lui rappellent que de la
servitude, un effort, un poids... Des infir-
mières, des dames de charité, seules peuvent les interpréter. — Combien plus les
touchera la belle esclave, Thusnelda, cette
fille de roi captive de la Loggia de Florence :
sans doute sculpture de décadence, et ses
seins ne sont plus aussi fermes ; mais elles

s'assurent que de l'amour, elle put connaître autre chose...

Quel plaisir, au contraire, pour un homme de la voir appuyée à quelque colonne d'angle, luttant contre le soleil, et s'efforçant de suivre la fièvre : « Ah ! Monsieur »... et la voilà qui défaille...

Elle prend le dernier plaisir sur cette fièvre, et moi qui la possède, je le prends d'elle — ainsi cette fièvre qui ne peut plus me faire imaginer le cœur de la déesse, me permet de décrire celui d'une femme.

Sur l'Acropole, l'état moral, c'est un beau soir d'été, plein de jeunesse, dont on aurait chassé le désir. — J'ai vu de ces soirs mourir sur Paris.

C'est une paix supérieure à celle des cimetières, des cloîtres : on s'arrête devant elle comme devant le visage enfin serein d'une belle passionnée qui a défailli, et dont la robe, les genoux pliés, les bras ballants trahissent encore tout le roman.

III

Sera-ce donc ce grêle qui simplifiera
pour nous le paysage? et renouvellerons-
nous l'erreur de Puvis de Chavannes pein-
tre à Marseille, d'une colonie grecque, ou
des portes de l'Orient — lui aussi, il ima-
gina des terrasses, où s'unissent la volupté
et la méditation ; il a des profils, des enrou-
lements de logique et de rêve... Mais il
y a inscrit la fatigue du voyage, les soins
de ménage des pauvres femmes, un far-

niente de jeune lazzarone.... — Ici la
figure humaine m'ennuie ; et les divisions
de l'horizon auxquelles elle m'a accoutumé
me semblent un appauvrissement : j'ai un
tel désir de posséder tout cet univers que
je vis dans son atmosphère comme un
catéchumène se fiait tout entier aux ondes
du baptême : chaque vague du fleuve lui
paraissait chargé d'un mystérieux esprit...
Cette ligne si bleue du ciel qui me la dira:
les bandes des famines persanes, soulignées
d'une belle écriture incompréhensible, m'en
paraissent une plus exacte image. — Je
sens en moi l'horreur de l'Oriental pour
la figuration humaine. — Mon impuissance, ma détresse, c'est ce jet d'eau
mauve que j'ai vu sur l'une de leurs
dalles, encadré d'une porte musulmane
qu'accablent tout de suite les mille nuances

du bleu : ce mauve deviendra-t-il mon
deuil?...

Voilà donc aussi l'une des sources de
l'attrait de l'Orient en ces lieux : il nous
murmure à peu près ce langage inconnu ;
c'est la voix sans figure qui nous parle
du désert : *Vox clamans in deserto.*

Consultons le catholicisme encore : puisqu'il est le dernier à avoir mis spontané-
ment ces fièvres dans notre sang. Ah !
qu'ils furent rudes aussi ces manieurs
d'hommes. J'aime une histoire du Christ
après Renan, par un dominicain ; il faut
lire le P. Didon : on y connaît le son
métallique de la parole ; c'est cela seulement qui de l'homme pourrait nous enve-

lopper ici : où est la douceur? Nous gisons sous le bouclier d'Athéna. —

N'y aurait-il donc que d'agir? que de combattre? — Mais il faut à cela des intérêts particuliers. — J'aboutirais donc seulement à connaître que l'Acropole porte un autre siècle que le mien : car savoir qu'elle a agi pour d'autres motifs que les miens, c'est nous séparer pleinement et, connaître seulement qu'elle a été. — Rien, dans son action, ne justifie la mienne : elle laisse possible toutes les attitudes, — ce n'est pas un point de départ et la moindre induction sur ce domaine. L'action en général ne se conseille pas : autant ne rien dire ; car c'est laisser le possible et par conséquent toute raison ; — c'est aussi oublier que le repos même est action : c'est si vaste que c'est le néant. Donc il ne faudrait

conclure sur ce domaine que du particulier au particulier : et tout me l'interdit...

Cela non plus ne groupe rien en moi :
nul tourbillon de poussière sur ces routes
ne m'entraîne ; et sur ces mers là-bas,
j'imagine des fuites autant que des victoires. — J'en reviens à m'inquiéter des
petites caravanes qui passent ; aux voitures
chargées d'admiration qui débouchent
d'Eleusis : mais quoi, c'est avec cela que
se composent seulement les foules un à
un, c'est méprisable. — Tous l'ont eue, cette
admiration, nous le savons bien ; jusqu'aux Turcs : Byron me dégoûte quand il
rappelle qu'Ali impose à Lord Elgin de
finir : τελός, dit-il.

L'homme peut-il vivre dans ce désert
de prières ? Il s'y sent singulièrement à

l'aise. — C'est là qu'il invente qu'il possède une âme.

Nous demeurons sur l'Acropole comme les matérialistes devant le corps humain : ils distinguent les beautés éparses de ce mécanisme ; ils n'aperçoivent rien qui les anime.

Nous pouvons bien, avec honnêteté, nous servir du mot « âme » comme d'un terme d'attente : il désigne des aménités que nous n'avons pas encore décomposées. — Mais devant l'œuvre des hommes, c'est plus malaisé : nous devons connaître le secret qu'ils y ont mis.

CHAPITRE TROISIÈME

Quand Renan s'excuse de la pauvreté de
ses souvenirs sur ce que la conversation
prodigieusement vivante de Cousin lui
prenait tout le loisir qu'il eût dépensé à
les bien conformer, — on se prend à mé-
dire d'un tel bavardage. —

Mais il nous a pourtant laissé de bons
documents sur la Grèce ; et rien ne m'enchante comme une page du *Commentaire
d'Olympiodore* sur le Gorgias de Platon

qu'il a connue manuscrite et nous a transcrite : « Que signifie l'Asie et l'Europe ? l'Asie, contrée orientale, patrie de la lumière, représente les choses célestes ; l'Europe, situé à l'Occident et plongé dans l'ombre, représente les choses terrestres. L'Asie et l'Europe désignent dans le Mythe la vie du Ciel et la vie de la Terre ».

Il suit comment l'Asie représentée dans le jury qui débat le sort des âmes des morts, à l'entrée des enfers, par Minos a voix prépondérante, en cas de doute entre Eaque et Rhadamante, champions de l'Europe.

« Les juges siègent dans une prairie, et jugent dans un carrefour où aboutissent trois chemins, — qu'est-ce que cette prairie ?... »

Nous la connaissons tous, et ce carrefour dantesque ; et cette fièvre dans la

fatalité : prairie humide, intermédiaire
entre le Ciel et la Terre, vrai domaine des
hommes, où s'abat toute la fantaisie des
vents et des saisons...

Lieu consacré à toutes les obligations hu-
maines, c'est sur elle, parmi des trônes de
lauriers, qu'à côté de trois nymphes sou-
riantes, près du printemps, Boticelli,
l'ivrogne, le dionysiaque, a fait saisir la
femme dévoilée, et qui mord les fleurs par
le vert désir ; c'est sur elle que Thésée,
duc d'Athènes, et Antiope sa femme se
jouaient en un beau soir d'été — prairie qui
est au carrefour des forêts plus étouffantes,...
mais sur qui retombent aussi toutes les
feuilles de l'automne : là que s'accumulent,
pour nous oppresser le cœur, ces tristes
pensées...

C'est un lieu plus humain sur tant de richesses impitoyables, un tapis que j'étends sur ces dalles surchauffées, pour y méditer le soir mon besoin d'illusion ; une clairière dans la solitude, un voile contre trop de lucidité, et que m'apporte toute une gracieuse procession...

Moi qui ne crois en aucun des dieux, je sens toutes leurs cruautés : cette déesse casquée m'implante au cœur une lance capable de blessures trop nettes : Quand elle la retire, je ne vois même pas couler mon sang.

Je pressens l'intolérable de tous les dieux d'Orient, et que dans tous leurs temples, un voile les ait abrités. —

Notre Christ qui voulut être un Dieu en pleine lumière, et sur toute cette aridité, a souffert de la soif : — aussi il a été le dernier des Dieux.

Suspendu ici entre l'Asie et l'Europe, sentant que l'Asie, patrie de la lumière, prédomine en secret, et que c'est elle du moins qui décide des morts, mon cœur ne sait qu'imaginer un lieu restreint qui se prête aux reflets des saisons, aux méandres des jeux ; il a la lâcheté de machiner ses conversations dans cette retraite avec les dieux, et de n'accepter que des vols subits et prestes, de l'indépendance, des opposi-tions.

Si le Catholicisme doit être pratiqué sans dieu, ne reconnaîtrions-nous pas une supé-riorité au Polythéime — ?

Il semble que cette multiplicité des dieux nous offre en proposant une division, déjà *de l'ordre;* et c'est la première condition de la culture.

CHAPITRE QUATRIÈME

Des Grecques! musique délicieuse :

Voilà donc, pour un jeune garçon, des visages, des yeux, de jolies mains qu'il ne pressentait pas, dans les longs émois de ses après-midi françaises...

Tout à coup, la rencontre rejoint sa culture ; sans plus de singularité qu'il n'en a jamais soulevée, il devine ce qu'il croit le mieux connaître : pour la première fois au fond de l'amour, (de la curiosité amou-

reuse) il pressent quelque chose de précis,
et non pas de la fatigue, des détails jolis
que la brutalité négligera ; enfin un lourd
sommeil.

Il distingue enfin qu'une statue l'em-
porte sur toutes les roses qui l'entourent ; et
qu'il est dans la beauté supérieure, de cer-
taines règles, une vertu universelle qui
repose singulièrement sa fatigue d'amour.

Les roses des plus tendres nuances,
lorsqu'elles s'épanouissent, ne laissent pas
l'ombre s'accumuler seulement au plus
profond de leur groupement ; en un entre-
mêlement, leurs pétales tout de suite l'ac-
crochent ; et c'est tant de mystère que sur
un paysage. —

A travers deux mille cinq cents ans, c'est
presque une amie d'enfance, qu'il croit
retrouver : c'est un rêve si universel qu'il

est de petit garçon. — Et d'ailleurs, rien ne dira mieux cette singulière sauvagerie, âpreté, que...

Devant ces beautés presque orientales, nos sens de français s'étonnent : leurs charmes nous sont d'abord comme un objet de scandale; on voudrait n'en parler qu'avec mystère, et c'est la phrase demi-voilée de Massillon, son rythme capable de nous adoucir le cœur, où les lèvres, déjà sèches, voudraient se désaltérer...

Le jeune homme s'y sent je ne sais quelle innocence : il n'ose pas, sur de telles provocations, donner libre cours à son rêve... Son regard s'essaie, avec autant de trouble sur une telle assemblée... « Une femme mondaine et tout occupée de plaire, répand sur son domestique un air de luxure et de mondanité : sa maison devient un écueil d'où l'innocence ne sort jamais entière »...

Ainsi notre fierté d'occidental se révolte. — Nous sommes ceux de ceux qui conquérirent leurs esclaves, plus longtemps qu'ils ne les achetèrent : et nous n'aimons pas que ce qui s'achète nous attire volontairement. Quand nous passons sur un tel marché, notre promenade s'organise derrière G. de Nerval, ce dissolu, qui parcourt tout l'Orient pour y trouver une esclave, et plaisante.

Dans ce monôme, nous affirmons, « chantons » nos vertus supérieures : car nous aussi, nous surtout, nous sommes des grands.

Et puis quel infini plaisir : celles qui se présentent à nous, en des singuliers et

sauvages atours, ce sont encore des grecques...

Un jeune garçon français que des prê-
tres, sa mère gardaient, a connu une trop
longue suite de soirées inquiètes, pour ne
pas confondre l'amour avec l'inconnu, il
ne sait quelle solitude.

Nous sommes les élèves de ces fées qui
promettent un indomptable plaisir au milieu
des plus inoubliables merveilles, jardins,
palais, bijoux dignes seulement de le sou-
tenir... Toute leur délicatesse s'emploie à
rêver des caresses et de luxe, des contacts
plus doux que la soie, un repos plus mol
qu'un coussin étouffé, des regards plus sensibles que le matin un peu de feuillage
sur les lacs du bois : c'est pour eux que

les comparaisons des poètes sont les plus exactes... Ils emploient tout le luxe dont on les entoure à le dépasser d'imagination. Beaux papillons encore hésitants, tout colorés des mille poudres de la civilisation, ils tendent leurs antennes, dans la belle chaleur bruissante du matin : ils ne trouvent au bout que l'informe, un peu de déconvenue, et toujours plus de fièvre...

Si bien que :

Quand quelque Lycénion les aura rencontrés, ce n'est pas le beau calme si simple du chevrier Daphnis qu'ils témoigneront : Ils ont plus de vices, et leurs vertus sont plus compliquées.

On les baise sur les paupières, parce qu'eux aussi les ferment.

Mais voilà que le plus simple de tout ce qu'ils avaient appris, le plus sain et que depuis longtemps ils avaient négligé, se montre comme le suprême de toutes ces imaginations : à leur effroi accoutumé, dont l'usage faisait comme une fièvre intermittente, il vient procurer une traduction. Leur enfance les rassure... Ils devinent qu'une longue série sentimentale prépare l'amour ; que l'amitié qui se permet la belle et simple caresse les élève, un serrement de mains, un regard en est bien proche : dans un bruit qui compose... Ils se souviennent des baisers de leur enfance... Ils songent qu'à douze ans déjà, ils traitaient, récitant leurs leçons, des princesses d'amantes : un seul mot leur suffit pour créer une nouvelle illusion...

Sans doute, les images que nous nous

faisions des Grecques étaient fausses ; mais ne les renions pas : ... Elles demeurent notre sauvegarde. Il faudra bien apprendre à dévêtir d'autres beaux corps : leurs vêtements seront ceux qui nous auront, par la suite, enfiévrés. Mais un jour viendra qu'en présence enfin des plus singuliers accoutrements possibles, alors que notre cœur recule, tout à coup, sur un mot, ces images classiques surgiront comme une protestation ; nous referont plus hommes que jamais ; et dépensant tout notre émoi d'inconnu au dévêtement, nous laisseront songer d'un corps avec plus de tranquillité que nous n'en avons seulement soupçonné depuis notre puberté.

Et nous serons bien près de l'amour, parce que nous aurons presque commis un acte de foi.

Nous retrouvons l'universel ; la mytho-
logie.

J'imaginais tout à l'heure de ne pouvoir
pas protéger Esther apparaissant, parce
que, sur ces lieux, le visage humain
m'ennuie...

Mais que nous voilà loin du profil exigu
de cette juive défaillante : celles-ci ne font
pas leur entrée, appuyées par les deux
suivantes d'usage. Nul ne soutient leur
corps délicat ; nul ne porte leur longue
robe : — Si elles nous trouvent des regards
plein d'amabilité, ce n'est pas en défaillant
qu'elles nous l'avouent. Les Spartiates ont
bien pu sur la foi d'un livre inconnu, se
prétendre parents des Hébreux : ici nous
sommes à Athènes, où les hommes se
confondent, résument, où les fables com-

mencent, et sur un sol si pauvre, que par un seul visage tout l'univers se raconte.

Je connais au Musée des Arts décoratifs, à Paris, une tête de jeune bretonne sculptée dans la pierre, qui n'est pas loin de valoir un motif grec : ses coques l'ornementent comme deux volutes ioniennes, une coiffure savante ; elle a des yeux gros, tirés, fermés, un peu primitifs ; son visage sans nervosité, montre sa bouche tout comme son front... Le rêve de Renan aurait pu lui trouver des yeux purs.... des yeux glauques..,.

CHAPITRE CINQUIÈME

Merveilleuse efficacité de l'amour...

Voilà que par lui nous entamons avec
des statues une conversation qui n'est point
assurément les discours que les Grecs leur
tinrent; mais elle nous fait faire des opé-
rations d'une même valeur... Peu importe.
que nous nous représentions leur visage
exactement comme les Pisistratides les
virent : il suffit qu'ils provoquent en nous

des mouvements capables d'orienter notre vie à leur imitation. — Je me souviens des vers d'Alcman : « Ton visage est d'argent ; et tes yeux brillent mieux que l'or », et d'autres de Sapho : « .... »

Quel masque funéraire sorti des tombes de Mycènes nous rendra ces beautés : les archéologues peuvent bien discuter la polychromie du Parthénon : je m'étonne surtout des visages. Mais qu'importent les colorations des figures, à l'instant de leurs triomphes ; nous sommes assurés que des nuances y passèrent analogues...

Comme dans la nature règnent les plans, ainsi il est dans l'amour, des courbes, comme des heures, dans la journée, et des saisons ; et enfin, sur le visage de l'homme encore : un âge, ce dernier rythme charmant, le plus simple, le plus dur, le plus net, celui que je me félicite d'avoir retrouvé chez Œdipe et le Sphinx tout à l'heure ; celui que me disaient les corneilles du...

Les jeunes grecs qui aimèrent des femmes semblables, leurs yeux quand ils se dilataient de volupté, virent leurs visages éclatants ; puis aussi, quand ils s'endormaient, ils les connurent plus fermés, et ternis. — Ainsi, en priant ces idoles, toute leur vie, et même vieillards, leur cœur s'émouvait sur ce rythme pour retrouver l'effusion, et de la soumission, du consentement ; ainsi, quand nous les approchons, par notre étonnement même, nous retrouvons en elles ce que nous portons en nous de plus général, de plus sûr : une interprétation de l'amour qui nous calme enfin, — nous nous soumettons à l'amour ; comme, jeunes, par leurs modèles, elles les soumettaient à la vie ;

comme vieillards, elles les inclinaient à la mort.....

Magnifique nature ! Je ne sais pas qui tu es, je ne connais de toi que des fragments, et si volontiers ils se substituent l'un à l'autre, qu'ils me laissent soupçonner ta propre nullité... Du moins, semblable à l'art, tu demeures à chaque fois la conformation des apparences que, dans la suite du temps, nous revêtons ; je pressens que nous l'avons inventée pour pouvoir nommer, classer, étaler nos passions ; mais, plus je m'en convaincs, et plus mon calme est profond.

— Je reconnais qu'au lieu de chercher si tu es bonne ou mauvaise, malveillante ou pitoyable, mon âme, construite comme toi-même, aussi douteuse et impondérable, suit dans ton génie, que le temps diversifie sans cesse, les règles d'art de la vie.....

On s'étonne que les Athéniens, lors-qu'était intact le Parthénon, ne pouvaient pas voir la frise. C'est que toujours nous en sommes à la psychologie moderne de l'ar-chitecture : nous voulons que tout soit sur plan, combiné, visible du dehors, etc...

— Mais point : c'est là la fin du temple ; il était naturel qu'il fût clos — cette frise marque de l'extérieur cette clôture, par la peinture de la foule adorante. — Déjà elle-même est presque du dehors : Elle en est l'incrustation ; et l'on peut admettre qu'elle fait transition.

Ce sont les sourds inspirateurs, dans l'ombre des gestes des promeneurs. Ainsi les sphinx d'Egypte invitaient au solennel : ici c'est humain.

Ils ne pouvaient être au-dessus du promenoir ; car que seraient des cavaliers sur des toits ? Donc ils furent dessous : sans plus, — mais au fait, dans la pensée du plan, il n'étaient ni dessus, ni dessous.

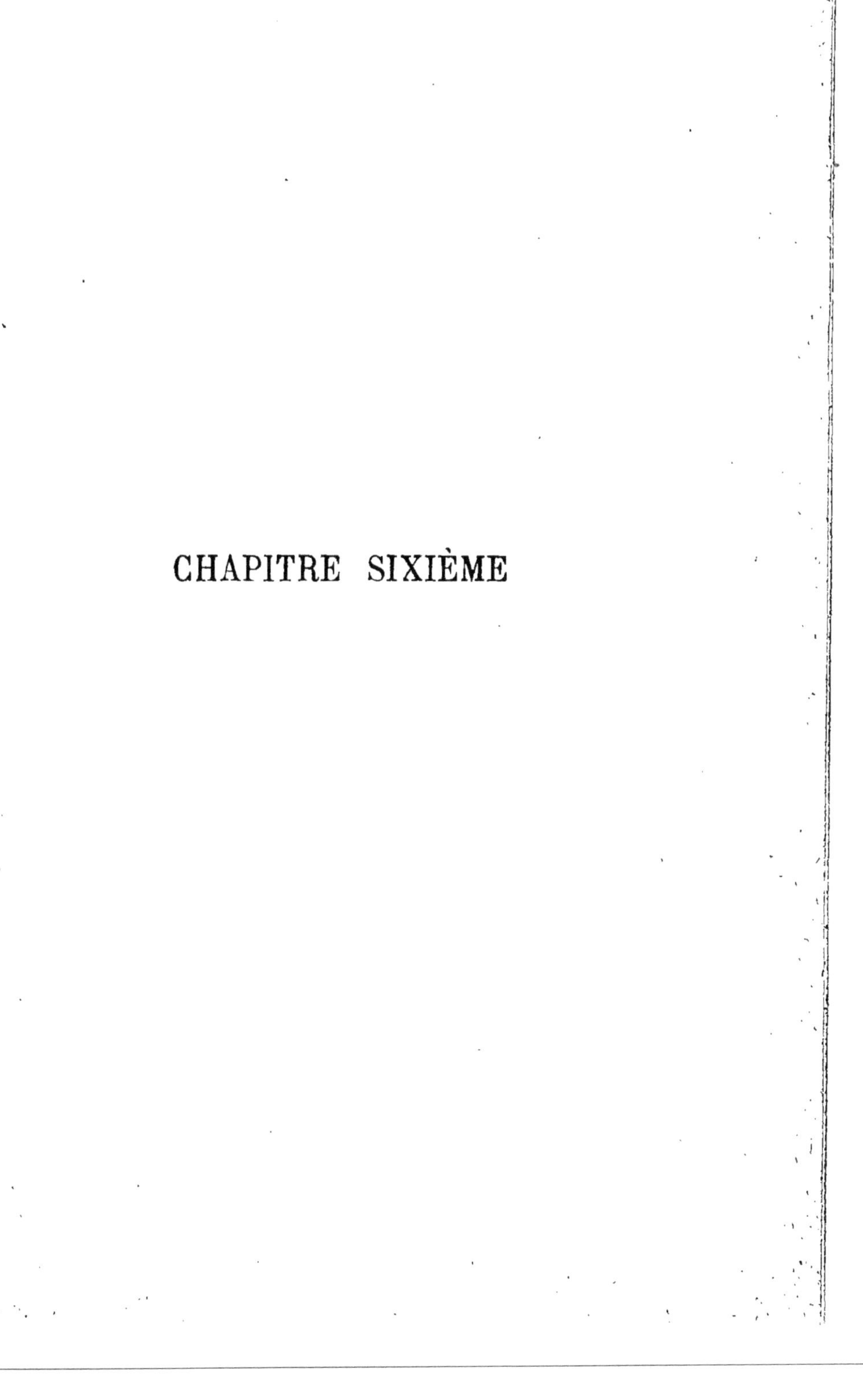

CHAPITRE SIXIÈME

I

On peut rêver la compagnie d'un archi-
tecte sur ce sommet fameux : il vous décrira
en termes modernes excellents ce que son
œil moderne aperçoit... Semblable à Ra-
phaël, il vous disposera des philosophes à
la *romaine* sur des degrés et sous un por-
tique *renaissance*; et vous dira : voilà l'école
d'Athènes. — Pour moi, je ne demande
aux plus belles choses que de prendre dans
ma vie moderne une place aussi prépondé-

rante qu'elles l'eurent dans les antiques bio-
graphies : je recommence à suivre des sentiers où le printemps ne cesse pas de
fleurir ; et sachant qu'il est au monde des
points plus sensibles, des bosquets, des
buissons mieux fournis, c'est à ceux-là que
je m'arrête. Il nous est donné de choisir
parmi la matière d'un éternel recommen-
cement : quand un beau choix déjà a été
fait, je souhaite d'en faire aussi le bouquet
de mon printemps.

— L'analogue de cette émotion, je ne la
retrouve que chez Fénelon, Bossuet, quand
ils décrivent la beauté, la symétrie, les
simples adaptations du corps humain. — Je
sais bien que nul physiologue qui ne sourit : mais qu'importent leurs erreurs ! eux

aussi cherchent l'universel qu'ils appellent divin, sous l'équilibre : de la leur je construis mon émotion...

II

C'est un thème insolent et dur, difficile à supporter, que la jeunesse : son chant
qui ne retombe pas, ést le plus analogue au
sommet de l'Acropole.

On peut bien accumuler les rocailles à
l'entour de ce rocher ; les Romains l'ont
fait ; et nous sentons bien que tous nos
voyageurs y ont passé leur séjour...

Je me souviens qu'à un carrefour de
Morée, au sommet d'un col, on me signala

l'endroit maudit : depuis cinquante ans, tout passant y chargeait de pierres le cadavre d'un méchant homme.

Moi je laisse aux agoyates, à ceux qui veulent conduire les bêtes et les hommes, qui ont donc besoin d'une moralité, le soin de recouvrir le crime ; mais je sens que d'accumulations semblables ma naïve jeunesse rebondit.

Combien cela est singulier ! Depuis cent années déjà la France envoie tous les ans quelques jeunes gens distingués en Grèce : tous se mettent de graves habits de professeur ; ils font bien leur métier, ce qui est de la jeunesse : mais ils ne disent pas quels chevreaux ils furent sur tous ces rochers...

Qu'on est heureux, ici, d'être un arbre sans fruit encore : on bénéficie du soleil ; mais nul poids ne vous pèse : on ne se prête pas à faire sa courbe encore...

Quel privilège ! Tous les visiteurs vous regardent, si vous regardez les statues des déesses, des Κωραί : ils croient que vous avez leur secret...

— La jeunesse tient à l'universel : nul homme ne meurt sans l'avoir du moins préparée.

Et puis elle est aussi ce que les dieux poursuivent : qu'ils la détruisent, qu'ils la désirent, c'est avec elle qu'ils causent. — Aux jeunes, les grecs reconnaissaient le droit de causer avec les dieux.

CHAPITRE SEPTIÈME

I

Quand on songe à la Grèce, quelle
tristesse...

Ce n'est pas désabusement, certes; ni
regret.

Mais on est mort...

La Grèce nous disjoint. — La Grèce est
trop belle. Elle nous fait trop croire à
l'âme; et nous fait mieux sentir l'insuffisance de notre corps. —

Elle détruit ce bel équilibre si nécessaire à la vie moderne; cette sorte de panthéisme personnel, de compénétration que nous avions maintenue...

Que signifie notre corps? Désormais, il ne vaut plus par lui-même; il n'est que l'urne où elle repose : nous sommes ces emplâtres, ces membres informes dont on contient, dont on complète les plus beaux fragments, dans les Musées.

Tant de classique beauté nous redonne le sens de la mort : nous mourrons, non pas comme dans le Romantisme, où l'on meurt par désespoir, par désir de mourir; mais suivant la grande tradition, par l'ultime aveu d'impuissance : parce qu'il y a mieux que nous, et que nous ne sommes que des participants.

Exactement, mon livre, c'est : comment

on peut penser en Grèce et après la Grèce.

— Je crois que de vouloir comprendre la Grèce ; c'est du romantisme, une recherche de l'histoire — La preuve en est qu'il nous fournit sans cesse ce thème de poésie romantique par son désespoir : je ne comprends pas, et j'y substitue d'autres histoires auxquelles s'accroche mon esprit...

Il y a une vieille histoire grecque sur les passages difficiles... OEdipe et le Sphinx... Quel mauvais goût que de s'arrêter à compter les cadavres, toutes les aspérités des roches, les diverses victimes ; ce que devient le sang... c'est encore de l'Orient. Mais la réponse d'OEdipe m'enchante : Il résume tout l'homme ; il est donc sur la voie droite.

Il est hardi d'approcher de la Grèce le désordre de G. Moreau.

Pourtant dans l'une de ses interprétations du Sphinx, la plus célèbre, il a eu d'heureuses rencontres.

On croirait qu'il est allé à Delphes : mêmes gorges et mêmes rochers. Il a deviné le motif ornemental de Delphes, la Colonne isolée et surmontée ; et son sphinx est très proche du sphinx retrouvé : même nervosité grêle de l'arrière ; même regard muet et rieur ; mêmes ailes aussi : la tradition l'en détournait pourtant.

Et peu de cadavres.

Il en a peint un autre qui en est plein, le Sphinx vaincu ; et je sais bien que c'est la vraie image ; il ne s'est pas soutenu.

II

Elles n'ont pas plus le sourire des gens
maladroits, ce délicieux sourire si proche
de l'enfance, et qui suscite une inno-
cente volupté.

Michelet a donné sur la Grèce un beau
titre : « La légèreté des dieux de l'Ionie » ;
mais quand il a voulu le faire vivre, il a dit
que la Grèce avait le sourire : ce n'est
pas vrai ; les grecs, hommes ou femmes

ne sourient jamais... ceux qui sourient ce sont les grecs du Phanar, de Byzance...

Donc ce sourire n'est qu'une comparaison, et qui veut dire les paysages ; mais j'ai vu la mer sourire ailleurs et plus : elle sourit à Sorrente...

Laissons donc cela.

— Si, j'ai vu un sourire en Grèce ; le sourire des Cariatides de Delphes, celles qui tendent la pomme d'amour. — Mais ce n'est pas un sourire léger : ah non !

C'est celui qu'on s'étonne de voir apparaître sur le jeune visage d'une amie d'enfance, quand elle revient d'Espagne, d'Italie, de quelques chauds voyages, après deux mois de mariage... C'est le sourire de Rébecca à Isaac, dans les rues de Gérara, et qui persuada au vieux roi qu'ils étaient mieux entre eux que frère et sœur.

Alors ceux qui ont le cœur un peu susceptible, se troublent : ils voient avec un peu d'angoisse, qu'il leur faut les règles de toute une moralité nouvelle; comme nous nous étonnons d'une aussi audacieuse invite...

Délicieux sourire qui suspend notre fatuité d'homme : le voilà qui nous illusionne sur une statue... voilà qu'à nous-même nous jouons la comédie.

CHAPITRE HUITIÈME

I

Nous ne sommes plus au temps de
Télémaque, ni alors que le jeune Ana-
charsis visitait la Grèce. A un voyageur de
vingt-deux ans, à Athènes comme en
Europe, on signale les logis des plus com-
plaisantes courtisanes « ce que nous avons
de mieux ».

Mais ce que vous avez de mieux, c'est
les deux sœurs chez qui logea Byron;

c'est la maison de Monsieur Fauvel où Chateaubriand étudia les plis à l'antique du vêtement d'une servante ; — confusion d'amour et de gloire, où l'on rougit, où les genoux défaillent de bonheur : on voudrait devenir cet oiseau qui glisse sur une eau pure et sans obstacle, le cygne qui chante son rêve...

II

Il y a sur Rousseau, une phrase du prince de Ligne, qui suffit, pour moi, à le sauver de tous les degrés du mépris ; qu'importe après cela qu'il ait pu commettre toutes les turpitudes : je suis assuré que son imagination resta pure : « Sa vilaine femme ou servante, nous interrompait quelquefois par des questions saugrenues qu'elle faisait sur son linge ou sa soupe. Il lui répondait avec douceur, et aurait ennobli un morceau de fromage, s'il avait eu à le prononcer ». Et plus loin : « Ses yeux étaient comme deux astres... »

Je n'ai pas difficulté à imaginer le quart d'heure ; un midi d'été, tandis que les mouches bourdonnaient sur le potage, j'ai connu un vieux prêtre sur qui s'exerçait cette tyrannie : nous venions de chasser les vipères sur un ancien plateau, La Mothe où toute une ville, en Haute-Marne avait résisté aux Français, et fut rasée : il me le contait au milieu des mêmes incommodités. La dignité du prêtre, à cette heure où il pouvait dire l'Angelus, sauvait tout : et puis il ne me parlait que de mort...

— Tel fut le premier repas de Chateaubriand à Athènes : lui aussi ennoblissait tout ; et comme le lait et le miel de l'Hymette le surprirent désagréablement, ce fut la servante de Monsieur Fauvel que, comme la première des Cariatides, il admira.

CHAPITRE NEUVIÈME

I

J'avais vingt-deux ans et traversais les
plaines de Messénie....

Dans le grand soleil berceur, tel qu'une
chanson en poussières murmurantes, elle
s'était assise, immobile, sur un champ,
près la haie des cactus. — Elle me regardait
sans même sourire, de deux grands yeux qui
passaient, avivaient encore la chaleur, la
lumière : ils leur soustrayaient mon cœur....

Je descendis de cheval, et dans un grand silence, parce qu'il hennissait, je me suis assis devant elle. —

Elle essaya alors d'un mouvement de tête. — Tandis que je ne voyais même pas ses mains posées sur ses genoux et immobiles, elle la balançait toujours plus en arrière, sans jamais d'ailleurs revenir en avant ni rien tenter qui parût un salut, une inclinaison...

Comme les cheveux lui pendaient, et qu'elle les avait longs, ils rejoignaient le sol ; et elle semblait à chaque fois y tomber, y glisser, dans la douceur, sur un amas d'huiles et de parfums... Ce recul et qui projetait un peu le buste, il paraissait les moments les plus lourds de la valse, et quand le danseur essaie d'un élan nouveau : mais quels chants, il y avait dans mon cœur, tandis qu'à la puissance du soleil, elle alliait son mécanisme sûr de soi.

Les grandes séductions sont celles qui nous laissent hors l'intelligence.

II

En gravissant l'Ithome, il faudrait com-
menter la sonate héroïque de Beethoven.
— Les premières variations suivent tous
les méandres du sentier..... la marche
héroïque elle-même, sur la mort d'un
héros, peut s'accommoder des derniers tin-
tements de la cloche sur le couvent aban-
donné... La légende veut qu'elle pleure la
fin de Napoléon Ier, mais dans ses *Orientales* justement, Victor Hugo n'a pas

craint de rêver le séjour de Bonaparte au sommet d'une montagne, et son rêve : — Il s'agit de la prière à Bounabardi, qu'on peut utiliser pour un retour à la plaisanterie.

Quelles musiques me dirait ce héros... D'abord, la prêtresse des chœurs, le public le célèbrent : une femme le chante, tandis que les mieux renseignés d'entre les hommes, construisent son image... Les balancements des palmes, un doux vent soulèvent les flancs de la montagne ; et c'est à chaque souffle, un essai : les landes courent tout au long du sentier...

La douceur, la tendresse, mille souvenirs des rogations s'entremêlent : il est si bien accessible à la pitié que des projets d'amour servent à le comprendre... de telles pensées lui soumettent les places les plus riantes du vaste paysage que la montée peu à peu découvre ; elles associent son ombre à l'éclat paisible de la mer...

Quelles pensées de gloire et de puissance.

Mais nous sommes assurés qu'au sommet des nuages ne l'envelopperont point pour en faire un prophète ; il n'y rencontrera pas non plus des fronts courbés, et de l'adoration...

C'est Cymodocée qui vient adoucir les battements de mon cœur ; et elle est fille d'Homère...

— Ainsi, sur l'Ithome, les éclats du tonnerre ne suffisent pas à couronner un héros : ils ne lui sont encore qu'un moyen.

— Dans le plein soleil avec tant de certitude, c'est encore l'amour qui propage le plus de reflets.

Sur la réception d'Ali Pacha au couvent
inférieur du Mont Ithome : la lettre de
Byron à sa mère.

— Il m'a dit le prêtre que j'étais : le
jeune printemps. — Mais j'ai bien pu
écrire, moi aussi, ces choses à ma mère :
les dirai-je au lecteur?

III

Meligala ! Du lait, du miel, des chants,
toutes les douceurs...

Trop beaux, trop lents pays où nos pas
aboutissent... à quoi bon marcher ?... Sur
le bord de cette eau plane, ma caravane
met au vert ses chevaux, — Avec trop de
facilité, le repos succède à l'effort...

Du lait, du miel... Toutes les propositions de la vie, sur cet air italien... il faudra donc toujours apercevoir des servantes... avec elles, on peut bien parfois composer des idylles ; à mon âge, dans les champs, c'est chose permise, et les arbres qui nous abritent, ne dispersent point leurs soupirs. — Cela reste dans les bonnes conditions précises de la vie, le contenu bien limité, et point grisant, nullement scandaleux d'un instant.

Ce pêcheur peut-être m'y aidera : il va devenir à ma fatigue le bibelot qui amuse le malade. — Mais voici que le tragique apparaît sous ces mots : que prends-tu ? — Des petits, des grands,... Misia, Méga... Non pas qu'un événement s'annonce ; mais l'un de ces rythmes qui s'imposent à la vie, et m'enlèvent toute liberté. —

Écoute, je vais te dire : laissons là toute moralité...

Réfugions-nous encore dans notre pauvre cœur déçu... Demande à la propre vie de te rendre sensible les désirs qui la mènent...

Tout à l'heure, chevauchant entre les haies de figuiers de Barbarie, leurs raquettes te rappelaient tes beaux livres de voyage, l'émotion de l'inconnu sous un soleil qui élargit le cœur, au moment d'entendre les musiques d'un village et des cris africains... souvenons-nous maintenant d'une île parfaite qui donnait à notre enfance le sentiment de la vie. —

J'ai passé de longues après-midi, sur les bords d'une vanne large, haute, qui s'épandait sans murmure au bas de vignes et de minces peupliers : où, dans quelle province française ? qu'importe. — Je ne suis point de ceux qui consentent à suivre des esclaves parfumées ; tout ce que l'on me présente, m'éloigne autant qu'un parfum violent sur un beau corps qui tout à l'heure m'attirait. — Je consens que l'homme serve la femme, et son propre cœur : il ne doit demander aux choses que deux ou trois minces contacts ; nulle diversité n'est qu'en lui ; et ceux qui disposent avec trop de soin de multiples images, peuvent bien nous émouvoir plus aisément : ils ne nous enrichissent pas — toute vraie richesse est dans le cœur de l'homme ; il ne doit aimer dans les êtres que des allégories. — Les misérables qui veulent ce qu'ils appellent de la logique, du continu dans nos âmes ; et pour cela organisent le monde !... J'ignore s'il est un ordre dans le monde ; je devine surtout qu'à ce compte, il en est mille : d'ailleurs ne savons-nous pas que la chose la plus universelle, la lumière, varie, et qu'il est des saisons ; des heures, dans les saisons... Il n'y a pas à considérer une foule où je ne connais personne, sinon moi.

Mais le lieu de l'espace que j'ignore le plus, c'est mon âme ; j'en suis plus assuré, parce que c'est là que du moins je possède d'abord quelque chose. Qu'importent donc les signes multiples qui servent à l'exploitation du monde ? Chaque fois que je me suis créé une solitude, il ne me convient pas de la disperser sur leur langage trop large, leur langage commun.

Déjà, j'étais sensible au crissement des cigales :

La stridence des grillons du soir s'enfonce dans l'air, au fur et à mesure que les jeunes pousses y pointent. — C'est le chant, la plainte de toute cette déchirure ; — c'est de la vie qui réclame du plein, de l'ambition et du désir.

Divertissement de tout un village, fraîcheur que les nuits amplifiaient, vous aviez beau occuper tant de place sous le ciel. — Rien ne pouvait vivre en vous frôlant qui ne vous disperse, — et toutes les images qu'ils en gardent me sont étrangères... Regards de Claude Gelée qui y connaissait, en gardant ses brebis, les effets de la lumière sur l'eau ; nerfs apaisés de ces jeunes baigneurs, qui tout le jour attendront plus posément que le prêtre leur remette leur fiancée ;

Je sens trop qu'il me faudra un effort

pour jouir du moulin, et je garde mes secrets, mes impatiences et mes jeux...

J'admirais que tant d'espace aplani, un tel consentement de la nature à la simplicité, ne porte que ma réserve, l'île parfaite où mon cœur enclos prenait lentement conscience de son poids : ainsi, dans ces beaux châteaux que la magie seule parvient à construire, un amour de chevalier, malgré tant d'artificiel, se prend à l'ennui....

CHAPITRE DIXIÈME

I

La mer profonde regagne si sérieuse-
ment, si pleinement l'horizon qu'on la peut
croire la levée lointaine de nos collines
bleues... et là-dessus la cîme feuillue de nos
arbres, où la lumière joue ; quelques traî-
nées grises de nuages sur un ciel pur, me
donnent plus d'émoi.

Il faut faire accueil à la banalité quand
elle se charge d'histoire : or, c'est le paysage

du meilleur effort qu'on a tenté de franciser la Grèce ; c'est le paysage de notre Ronsard — Mais quelle inexactitude ! —

Décidément, je ne comprendrai les paysages de Grèce, que quand, ayant reconnu la pauvreté du premier contact, j'y promènerai quelque chose de moral qui me les ouvrira.

II

Quand Byron va mourir, qu'il s'ingéniait
à oublier son amour, et qu'on nous dit
qu'il en avait les larmes aux yeux, — est-ce
un chant de Chopin qu'il nous faut suivre?
— Celui-là aussi était un obsédé de la
mort...

Mais c'est encore du désordre : une telle
musique est une succession de plans divers.
Ce que Chopin ne peut exprimer, il en
cherche la peinture sous des images diver-

ses : voix d'hommes, murmures, répar-
tissement des espaces ; c'est son éternel
insuccès, ses courts rêves de phtisique qu'ils
nous disent. — Quel rapport entre cet
amoureux éconduit, méprisé, et qui sans
cesse se fait affirmer par les mille réalités
plus fortes que lui-même, sa passion ; —
et ce lassé qui a connu la vie, qui sait
que le monde est égal à son manteau, et
s'en enveloppe pour mourir ?...

Byron, près de l'agonie, simplifie sa douleur : ... c'est sa discussion avec Kennedy
que j'admire...

III

Ce n'est pas sur le Parthénon, que Lamartine entendit le mot qui le lui eût fait
comprendre. Lady Stanhope le lui dit à
Beyrouth : — « J'espère, Monsieur, que
vous aussi vous êtes un aristocrate ; que
vous non plus, vous ne persuadez pas le
peuple de détruire son Dieu, les autels et les
propriétés.... »

Au délicieux musicien, il faut toujours

d’abord qu’une femme murmure son chant
— c’est par le besoin d’amour qu’il exprime
sa sécheresse : quinze jours auparavant il
avait sur le pont de sa frégate, regretté sa
mère, et les émotions plus fortes encore que
les siennes propres, qu’elle tirait de ses
récits. — Or, quelle insouciance cruelle :
son récit eût été la confidence d’une tempête. — A de telles âmes, il faut la con-
viction qu’elles émeuvent : de l’émotion
des autres elles tirent leur soutien. — Nulle
femme n’est venue parler à Lamartine sur
l’Acropole, le bercer d’immortalité.

S’il avait entendu là cette parole,…

CHAPITRE ONZIÈME

Je reproche à Mistra de fausser les oran-
gers de Parori, toute cette divine et eni-
vrante bordure...

Elle est posée sur le chemin ; mais elle
n'a rien d'éternel : son palais domine l'Eu-
rotas comme les murs d'Heidelberg le
Neckar.... Elle n'est qu'un échelon, une fuite
vers un de nos hauts sommets, Gœthe...

Elle surpasse notre ivresse — Ici, il fallait
à la fontaine de Parori s'étendre, orner son

sommeil ; mais voici que notre ivresse devient encore celle de l'excitation : agiter un drapeau et monter ; ah ! que ce romantisme défaille ; si j'osais, je dirais qu'il est celui de Solness le Constructeur...

— A Sparte, on ne connaît plus ce désir de consulter des maîtres, que j'invoquais sur l'Acropole d'Athènes. Il y a tant de divinité que déjà l'examen de conscience est fait : on est tout prêt à l'action, mais quelle action !

A Sparte, le hasard m'a sauvé de m'égarer sur Mistra. J'y montais plein de respect, et voici que ce devait être une sorte de présentation au Temple... Je redevenais enfant sur le plus magnifique matin...

— Mais, le magnifique rythme que celui des âges : ah ! les conditions de l'espèce

mettent en nous quelque chose d'éternel...
les parfums du bois refont, aux mois d'été,
la vigueur des épuisés ; — parfois, le plein
sentiment de la jeunesse devient à notre
entour aussi fécond que le bruissement de la
forêt... Les vierges de Parori me pâmaient
de leur parfum d'oranger. Mais voici qu'à
la fontaine, une vieille femme, ses filles,
tout le Gynécée couvre de fleurs mon
cheval... C'était l'équipage d'un fiancé...
Quels sourires, et quelle joie dans le village... Je luttai contre la migraine, et un
peu de ridicule... mon caractère français
s'enchanta de tant d'effort, de plaisanterie
et de tristesse : il me plaisait de chercher
ma princesse à ce puissant château...

C'est cette fois-là que je me sentis pleinement, O Κύριος, le Seigneur et que je
portai mon titre... Délices de trouver

tout un village, de rénover toute une tradition, d'échapper à des voluptés trop fortes... Ainsi Mistra ne fut qu'un séjour créé
par moi ; j'y vécus dans un peu de fantaisie ; j'y retrouvai du jeu... des nymphes
avec des attributs, et non plus à sur-
prendre dans la farouche nature.

Cela a été une cure d'air... un peu de
bon sens.

C'est ici que je saisis ce que vaut le
romantisme français : il n'est qu'une leçon
de bon sens.

Les autres arts (notre classique et le grec)
créent, combinent... je ne sais quoi.

Lui, si vous ne prêtez garde qu'aux idées,
dispose des choses simples et de tous les
jours ; mais *il les orne* : il a des couleurs —

donc vous n'en prendrez que des leçons de bon sens : c'est pour cela que le bouffon y est si tolérable.

Partout où le romantisme a passé, vous retrouverez une découpure ordinaire de la vie : sous ses apparences de folie, il est à chaque fois un repos...

Son effort dans l'intensité nous pâme : mais il n'a rien à voir avec l'effort dans l'intensité des Grecs...

La tapisserie d'Ithaque : le bouffon et la princesse. —

C'est la leçon de Mistra.

Il est donc tout naturel que le romantisme ait mené au symbolisme : le symbolisme n'est que cet effort de retrouver le bon sens sous les images, les propositions.

(Le bon sens peut être une doctrine : le catholicisme)..

Ces images du romantisme flamboient sur les escaliers de Mistra comme les cierges enjolivés de bouquets que dans une lumière mauve et jaune j'ai retrouvés à la cathédrale de Marseille, sur l'escalier de l'autel... Première communion...

Ah ! quel effort de Communion et de Prière...

CHAPITRE DOUZIÈME

1

Pater extaticus — Pater profondus —
Pater seraphicus — Pater marianus.

Vivre plus haut que les cieux ; être plus
grand que l'espace ; avoir les bras plus
larges que le monde ; laisser dans l'oubli
toute immortalité ; faire de toutes ces abs-
tractions ces nuages dont on entoure les
ascensions, et qui ne servent qu'à situer
dans un espace infini ; ne vouloir ni limi-

tation, ni définition; et pourtant garder la pleine conscience et une froide logique, c'est à quoi seulement des facultés supérieures peuvent aboutir.

Les hommes sont singuliers : ils veulent qu'on leur définisse les raisons profondes de vivre! Mais quelles raisons peut-il y avoir de supporter la vie sitôt après qu'on l'a définie? Les hommes qui conforment leur vie à des préceptes, et à des formules; ceux-là sacrifient leur propre capacité à la construction d'un système élaboré : ils perdent toute spontanéité; ils négligent précisément ce qui peut être eux-mêmes, et ce qui leur donnera la vie — C'est la princesse qui sous une peau d'âne cachait ses plus belles toilettes, ces insaisissables et diffus rayonnements d'une robe couleur d'aurore ou clair de lune .....

Voilà longtemps qu'on nous propose la vertu et le vice en pastilles d'une absorption aisée ; et cela bien avant M. Berthelot ..... Il y a bel âge qu'on nous enseigne une vertu semblable au sucre, des vices pareils au vitriol ; et il n'était pas besoin pour cela des explications pénibles de M. Taine. — Toutes nos vertus, et tous nos vices ont été construits, abstraits, voulus : ils sont les éléments d'un système de simplification ; on en a trop raisonné : ..... Ils sont devenus tels qu'on les peut pratiquer, qu'on doit pouvoir les pratiquer sous tous les soleils, et par tous les climats — Mais qu'ils sont distants de la vraie vertu, du vrai vice ... Les hommes sont restés les adeptes des Danaïdes : ils sont solidaires de leurs fautes ... les cinquante filles du roi Danaos ne comprirent pas la beauté harmonieuse qu'il y avait à épouser les cinquante princes égyptiens : elles ne surent point quel cri magnifique de passion eût jailli sous le ciel immense du Nil ... mais chacune se prit à honnir son mari, et chacune tua le sien ... Ainsi elles méprisèrent la belle spontanéité inanalysable des passions ; elles transformèrent le bel et formidable cri d'amour en de médiocres gémissements personnels : chacune médita sur le mari et son propre malheur, alors que toutes devaient aimer, unanimement, identiquement.

C'est pourquoi, les misérables, Zeus, le dieu de la véritable mesure, celui qui dé-tient la balance et qui pèse les destinées individuelles en les soumettant au vaste et puissant destin supérieur, Zeus les condamna à emplir sans cesse des urnes qu'elles portaient. — Puisqu'elles ne voulurent pas de l'abandon commun aux doux ploiements d'amour, il n'admit pas non plus qu'elles pussent boire d'un même geste à la Source profonde et une ; mais chacune, qui s'était éprise d'analyse, dût puiser dans une urne particulière ... Chacune dût s'écarter de la source : elle n'en connut plus ni l'intense fraîcheur, ni la large fécondité ; elle n'eut plus sur les bras que l'amphore médiocre .....

Puis, pour bien lui montrer qu'on ne pouvait pas analyser, séparer, diviser, distraire la source commune, Zeus ne voulut même pas que chacune but à son amphore : elles la vidèrent au néant, dans un tonneau percé. — Qu'elle eût été plus belle la large expansion des cinquante hyménées en un seul, plus haut, toujours plus haut, dans l'azur égyptien, près du désert que rien de visible n'emplit; au lieu de cette chute mesquine et perpendiculaire d'une passion fragmentée, maladroitement traduite.

II

Après dix jours de cheval au travers
toute la Grèce, j'ai pénétré un soir le
silence d'Olympie. Il était dix heures. Un
peu de brume vaguait. A peine si la
fièvre gisante troublait plus ma fatigue que
la lune sa clarté. J'avais l'âme monotone
et glorieuse, toute proche de s'endormir
sur des prés où la force se brisait à la
mesure ... Il n'errait, pour m'accueillir,
que le grand abandon des héros et des dieux.

Pourtant, jadis, les saints bosquets n'étaient pas obscurs : le visage de Zeus y régnait. Sous les platanes de l'Altis, le temple se dressait, comme au bois de Boulogne, près du lac, des pavillons de plaisir. A son entour, même lueur des torches frôlant le revers des feuilles; mêmes poitrines découvertes; et ces regards qui placent les yeux comme deux pierres sous le front. — Dans sa droite, le dieu portait une jeune victoire; Phidias, fils de Charmidès, l'avait faite ailée, pour que, derrière le voile du sanctuaire, les adorants pussent croire à l'envolée de la vie. — Et, d'un coup de sa foudre, Zeus avait signifié son acquiescement.

« Nous foulons, m'a dit le guide, l'emplacement des trésors ». Qu'étaient donc, sous la mousse d'une colline solitaire, ces richesses accablantes, en un lieu où je ne rêve plus qu'un beau dévêtement, le nu chaste des athlètes sur le sable du Stade ? Des bracelets, dont cercler les poignets de la femme, des trépieds, où brûler les parfums ! Peu m'importe qu'on les dore, si la prestesse, une piété mieux entendue m'entraînent... Je voudrais être libre, rapide; le jeune maître de mon allure.

A peine eus-je franchi la rivière, que mille phalènes vinrent à moi, dansants. Ils peuplaient l'air, où ils semblaient la foudre éparse de Jupiter Chronien ... Depuis, je ne les ai retrouvés qu'un tendre soir à Florence, sur la Via dei Colli. Alors les tilleuls, les lys surchargaient la nuit. Dans leur odeur glissaient des caresses qui valaient les éclats de mon sang sous la paupière. Mais, au bord de l'Alphée, la moiteur, la fatigue laissaient aux Grâces leurs voiles. Les Ménades pouvaient bien fuir aux forêts du Cronion, secouer leur chevelure : doucement, presque en rêve, les nymphes du fleuve, pour l'enfant ébloui, devinrent des Danaés.

L'athlète grec fait d'abord ses preuves de souplesse. Il est un jeune homme pour qui les nuits n'existent pas. — Dans Olympie, on se lève, au matin, muni de cette audace que la pureté accentue. On ne salue dans la fraîcheur rien que soi-même, avant qu'il faille subir l'ample chaleur du jour. Sans doute, le soleil implacable y régnera comme un souverain d'Orient : il amollit et force de se préserver. Mais aux premières démarches, quand le voyageur traverse l'humble salle du musée, il se distrait des bois, des sables, où jouer lui plairait.

Des Fleuves étendus, des femmes accroupies, à genoux; des garçons qui méditent; enfin des guerriers porteurs de la lance, c'est tout le lent, le vif accord des frontons d'Olympie. Alcaménès, rival de Phidias, Paionios qui volontiers sculptait des Victoires, les ont groupés sur les faîtes du Temple, autour des Dieux plus étonnants encore. D'étage en étage, redressant leur taille, ces héros approchent Jupiter, Apollon. Ils les imitent, mais n'atteignent pas encore leur noblesse.

Ils espèrent le parfait, le lointain : déjà ils ont retrouvé, presque immobiles, la vie fugace, sans désordre possible. Ils ressemblent à Télémaque, cherchant son père, Ithaque, dans le calme des nuits, sur la mer. Pour peu que les vents écartent la tempête, ils suivent un horizon gris, paisible, simple. Des dieux les mènent, puisqu'ils ne veulent du repos qu'une belle attitude, et de la lutte qu'un bon exercice.

Un cœur mal éduqué, des désirs farouches, trop de promptitude n'unissent guère à l'entour. Il est avec la nature de méchantes épousailles. — Alcaménès, en effet, a sculpté les centaures sauvages, lorsqu'ils troublent, en ravisseurs, les festins bruyants des Lapithes! Mais quel mysticisme du corps, quelle belle santé aux noces pourtant criminelles d'Hippodamie.

..... Son père Oenomaos régnait sur la contrée. Comme il devait mourir la nuit qu'un jeune homme épouserait cette princesse, il avait tué par surprise, dans une course de chars, treize prétendants ... Enfin, Pélops surgit. Celui-là descendait aussi des forêts dans la plaine, sur un cheval que Neptune lui avait prêté. Hippodamie eut alors ce regard qui cherche une promenade doucereuse, un peu brutale, dans les herbes ; la caresse d'une tête blonde. Et puis, simplement, elle trahit son père.

A la voir au fronton, qui lève le bras et penche la tête, ses grands yeux battus de fièvre, on sent bien qu'elle eut raison ; elle montra assez de dignité, de conscience pour que toute une race sorte d'elle. Elle perçait l'avenir d'un regard d'Hellène, si froid, si net, qui nous lance à tant de hardiesse ! Les jeunes gens doivent tous l'honorer, la séduire, puisqu'aux premiers efforts de leurs luttes, derrière les Atrides, elle met sur un lieu sacré le développement de la jeune fille... Les lois d'Olympie excluaient du Stade les femmes déjà mariées. Mais elles en consentaient la libre entrée aux sœurs d'Hippodamie.

J'ai bien pu regretter dans ce désert une maison douteuse, sa fenêtre qui rougit le crépuscule. J'aurais dû me souvenir de ces dimanches, où les concours finis, nos gymnastes envahissent l'auberge, boivent gaiement, et, de leurs bras nus, prennent à la taille la servante. — Les orgies d'Alexandre sous la tente de Darius, s'il voulait à Damas divertir ses alliés, ne conviennent point ici. Au plus, ce calme sommeil où l'on nous conte qu'il aimait s'enfouir tout un jour... Ce nerveux célèbre avait la passion irritante des roses. Mais sur le Temple que son père Philippe éleva dans Olympie, à la mémoire de leurs douze aïeux, une fleur de pavot se penchait, chargée, comme dit Homère, de semences et de rosée printanière.

Le fameux Hermès de Praxitèle, dont les épaules paraissent frottées d'huile, comme celles de l'athlète, ou faites d'ivoire comme celles de Pélops, se délasse à charger d'une grappe le poing d'un Bacchus enfant. Il donne en spectacle le bonheur de vivre, le gai respect de soi-même et des dieux. Nul ne recherche plus rien, à combattre pied contre pied sur les près. Chacun retrouve ses premiers accords avec le monde, la plus tendre harmonie.

Les grecs imposaient aux lutteurs des

cadres de pierres. Ils voulaient que le héros, l'athlète, ayant la vie difficile, surveillée, fut contenu jusqu'à ce qu'éclate enfin l'ode triomphale de Pindare.

Au sommet des montagnes, dominant l'abîme, j'ai vu le Stade rose de Delphes ; et, sous l'humus qui la recouvre encore, j'ai deviné la piste d'Olympie. Je me suis ému d'une gloire si fière. Elle n'avait pas plus de mélancolie que l'éternel amour.

... Mais le Stade reconstitué d'Athènes ne m'a paru qu'un anachronisme.

CHAPITRE TREIZIÈME

I

J'y ai connu aussi la flûte aiguë, danse
traînante, des rondes de garçons, semblables à des colliers, au bas de la colline des
Muses ; mais elles sont turques : la cloche
du couvent du Lycabette a remplacé le
muezzin — Elles sont bien pourtant l'appel
du plaisir, sur ce pays ; plaisir insinuant,
flexible et qui torture le corps plus que la
longue pensée d'amour : du gracile, du
transparent, de l'aigu. Il semble que toutes

les forces de notre corps, nos larmes se déposent dans ces verreries turques que l'on peut voir au Louvre, qui préparèrent les verres de Venise, et qui sont de longs fils, des serpents redressés, brillant un peu comme des armures bleues, verdâtres comme les heures de la nuit, la nuit implacable d'Orient.

Arrachons-nous à ce malaise — glissons au long de cette volupté, plutôt qu'elle ne nous pénètre dans le corps — Je le sais bien : nous n'avons rien qui soit d'une aussi pure noblesse — Rome assemble tout ce qui commande notre histoire : religion, guerre, désespoir... pourtant nulle construction n'en demeure qui puisse être comparée, sinon la villa Farnesina où loge l'histoire d'Eros et Psyché... histoire d'amour, seule... Ainsi toujours, nous recherchons la fraîcheur des jardins ; — c'est une charmille que je m'étais ménagée sur le banc qui regarde Philopappos entre deux colonnes où j'ai fumé tant de cigarettes qu'elles me brouillaient le cœur : c'est de là que je pouvais songer à Rome : horizon désolé, et ruines chaudes, brutales, si l'on consent que les chèvres grimpent. — C'est une villa seulement que j'ose comparer.

Peut-être aussi que les histoires d'amour sont les plus éloignées et les plus émotionnantes : ce sont celles dont nous sentons le plus sûrement qu'elles ne sont pas les nôtres. Ainsi elles sont toujours belles, d'une nuance qui nous paraît plus délicate : c'est de quoi bénéficie cette lointaine ville, Athènes.

II

Florence, ville des Orfèvres, c'est la médaille parnassienne : elle est cette Athènes qu'on entrevoit sur les plus anciennes et grossières médailles de l'Attique, pauvre temple, singulier rocher, joli bibelot... Cet essai d'exacte reproduction des choses rejoint l'art précis d'un Giotto, la littérature des hagiographes ; c'est ce que les Grecs de la bonne époque convertiront en élégance ; les jolis bronzes du

Musée. Mais les Athéniens semblent avoir atteint ce délicat instant où plus l'art de l'ouvrier est parfait, plus il ne se donne que comme une approximation de la divinité…

Connaître que les dieux nous sont supérieurs ; et pourtant ne jamais décourager de les atteindre : en donner des images qui les approchent, et par là sont actives, vitales ; concevoir qu'elles valent à peu près comme les manifestations naturelles des dieux en sont les témoignages ; ne jamais croire que leur insuffisance est une infériorité ; mais…

Le Christianisme par l'Incarnation, a rendu inutile tout cela — Depuis l'Annonciation, il ne s'est plus agi que d'un concours de beauté entre toutes les femmes — Un but précis a été introduit comme prix ; le finalisme est entré dans l'art…

Florence isole la perfection qu'Athènes expose en pleine lumière : déjà elle est plus proche des chapiteaux corinthiens, qui plairont tant aux Byzantins, que de l'Ionisme. Elle aime reconnaître dans un petit ouvrage bien fait, des jeux d'ombre et de lumière...

Avril–Mai 1907.

IMPRIMERIE CHAIX, RUE BERGÈRE, 20, PARIS. — 14322-7-10.